AF465584

Lb 41
2688

ORAISON FUNÈBRE

DE LOUIS XVI,

Par Mr. BARRALLIER, ancien Avocat, émigré de Toulon, domicilié à Marseille,

REVUE, CORRIGÉE, AUGMENTÉE.

SECONDE EDITION.

ANNÉE 1814.

ORAISON FUNÈBRE DE LOUIS XVI.

Dilectus Deo, hominibusque, cujus memoria in benedictione erit.

Il fut chéri de Dieu et des hommes,.... sa mémoire sera à jamais bénie !

DE LA SAGESSE.

FRANCE, redouble tes pleurs !... couvre-toi de cilice et de cendres !... Que la Seine se trouble ;.... que ses ondes murmurent et gémissent ;.. que ses rives retentissent de ces bruits lugubres : LOUIS N'EST PLUS !....

Peuples d'Israël, frappez votre poitrine, déchirez vos vêtemens ; l'oint du Seigneur appèle sur vous ses foudres vengeresses !....

Hâtez-vous de désarmer sa colère !... Filles de Sion, allez au-devant du Seigneur !.... il vient d'accorder des larmes aux malheurs de la patrie.

Approchez, ames sensibles, suspendez un instant vos douleurs ; venez, vous apprendrez à mourir.

Grand Dieu ! s'il existait un homme qu pût s'élever au-dessus de la terre, planer sur les Empires et voir du haut du Ciel, ce serait à lui à tracer, sous ses pinceaux, les vertus du célèbre Martyr que la France révère.

Si je signale sa sagesse et ses bienfaits, si je le dépeins gouvernant ses États, comme Dieu régit le Monde, je n'aurai tracé qu'une image imparfaite de ses rares vertus ; c'est en parcourant sa vie que nous mesurerons l'étendue de son ame.

Louis reçut en naissant cette bonté d'ame, cette candeur de naturel qui est comme le présage, la première ébauche de la piété ; les soins de l'éducation aidèrent ces heureuses espérances ; les exemples domestiques furent pour lui des leçons de vertu.

Ce furent là les premières bénédictions dont le Ciel prévint notre vase d'élite.

Avec de si favorables dispositions, Louis entre dans le monde ; il avait reçu du Ciel toutes les vertus qui font briller un Prince parmi les Rois ; il pratiqua le bien, cultiva la vertu, honora le mérite.

Les vertus privées sont d'autant plus sublimes, qu'elles n'aspirent point à l'approbation d'autrui, mais seulement au bon témoignage de soi-même.

Ce fut sous ces heureux auspices qu'à peine âgé de dix-neuf ans, il orna son front de la couronne, dans un tems où les affaires étaient désespérées ; l'état était chargé de dettes ; le commerce, sans crédit ; l'industrie, languissante.

Louis, héritier de la couronne et des vertus qui la soutiennent, parut, ce Monarque désiré de tout le peuple ; il s'annonça par des bienfaits, diminua les impôts, éteignit les dettes, réforma les abus de la justice, et dans moins de six mois, il fit plus de bien qu'on n'en vit quelquefois sous les plus longs règnes.

Il tourna ses premiers regards vers cette institution barbare qui couvrait l'humanité de larmes ; il supprima la question préparatoire et la peine de mort contre les déserteurs, *acte sublime et touchant, qui devait attirer sur lui l'admiration et la reconnaissance de ses peuples.*

Le commencement d'un règne signalé par tant de vertus, renouvellait les jours de l'âge d'or ; on eût dit que le Dieu d'Abraham avait mis toutes ses complaisances sur le Fils aîné de l'Eglise.

Nos armes étaient respectées dans les deux hémisphères ; l'étendard sacré flottait dans les deux Indes, et nos Colonies florissantes et heureuses, ouvraient leurs trésors à la mère-patrie.

Au milieu de ces douces jouissances, Louis se livrait aux travaux difficiles de l'administration, il supprima dans tous ses domaines, les restes d'une odieuse servitude.

Les familles virent renaître ces siècles heureux qu'elles avaient tant regreté; les villes reprirent leur premier éclat; les arts facilités par les largesses du Prince, attirèrent chez nous les richesses des étrangers; le Royaume, déjà si abondant de son propre fond, se vit encore enrichi de l'abondance de nos voisins.

Les Français vivaient heureux; et sous un si bon roi, tout ce qu'ils pouvaient souhaiter à leurs enfans, c'était un successeur qui lui fût semblable.

Ville heureuse, qui le vîtes autrefois régner,.... au milieu de vous, s'élèvent encore des édifices sacrés, les fruits de son amour et de sa charité pour son peuple!

Ses trésors pouvaient à peine suffire à ses largesses, et comme on lui remontrait un jour que ses dons excessifs épuisaient l'épargne et pouvaient nuire à des besoins plus pressans; *Il vaut mieux l'épuiser*, répondit-il, *pour soulager les pauvres dont je suis le père, que pour fournir à des magnificences que la Loi de Dieu me défend.*

Un règne accompagné de tant de sagesse et de justice, fut bientôt proposé comme le modèle de tous les règnes, et rendit le saint Roi, l'admiration de toutes les cours de l'Europe; nos voisins, de tous les tems jaloux de la grandeur et de la gloire de la monarchie, la voyaient prospérer sans envie sous un Monarque dont ils étaient forcés d'admirer la prudence et la vertu ; ils cherchaient plus à étudier et imiter la sagesse de son Gouvernement, qu'à venir le troubler.

Louis demandait sans cesse au Seigneur, pour la gloire de l'église et pour l'honneur de son évangile, des ouvriers puissans en paroles, que l'onction seule de l'esprit de Dieu rend éloquens, et qui annoncent l'évangile d'une manière digne de son onction et de sa sainteté.

Son palais était devenu une église domestique, et cette superbe demeure des Rois, où se forment toutes les passions, n'était plus que le séjour de l'innocence où le Seigneur était invoqué, et d'où coulaient sur tout le Royaume, des sources de vie et de vertu.

Louis n'eut point de flatteurs, parce qu'il n'aima point ses fautes ; environné d'amis fidèles, il les établit les censeurs de sa conduite ; les plus sincères lui étaient les plus chers.

Il ne manquait plus pour immortaliser son règne et mériter les noms des plus grands Rois, que de fixer les bornes de son autorité, il le fit !... Il convoqua les états généraux ; mais il fut la victime du bien qu'il voulait faire ; son cœur connut que les hommes sont des ingrats, et que le zèle qui combat leurs passions, excite l'indifférence et quelquefois la haine.

La sagesse parlait cependant par sa bouche ;

on attribuait même à la justesse de ses conseils plusieurs lois que le Prince avait données à ses peuples.

Le premier objet était de rétablir l'ordre dans les finances ; mais, comme il arrive dans les révolutions, le mal auquel on voulait rémédier, ne fit que prendre un accroissement effrayant ; le corps politique fut livré à une multitude d'agens qui s'abandonnèrent à des directions opposées, et qui emportèrent dans leurs tourbillons le gouvernement paternel.

Des novateurs religieux, des novateurs politiques, insultèrent la majesté du trône, les autels du Seigneur ;... dans leur délire insensé, ils attaquent tout ce qu'il y a de plus saint, de plus vénéré.... *les titres*, *les honneurs*, *les corporations*, *tout est détruit*, *tout est anéanti*, *et bientôt la France n'offrit plus à nos yeux que cette vaste plaine qu'Ezéchiel vit couverte d'ossemens humains.*

Une foule d'ambitieux se précipite au Capitole, et signale la victime qu'il veut immoler ; on calomnie les vertus du Monarque ;... on agite le peuple, on le pousse, on le presse, et déjà une multitude égarée s'est portée dans le palais des Rois !

O jour de désolation et d'effroi ! on vit à la honte des Français, le plus vertueux des Monarques, ceint d'un bonnet rouge, traduit en esclave dans le sein de sa Capitale et forcé de capituler avec ses sujets.... tout fait pressentir le crime que l'on projète.

Ce même peuple qui avait proclamé Louis XVI le sauveur, le libérateur de la France, et qui avait si souvent éprouvé ses bienfaits, conspire aujourd'hui contre sa personne inviolable et sacrée.

En vain fera-t-on des lois, elles seront méconnues ! en vain lui conseillera-t-on de chercher une terre hospitalière,.... Louis sera trahi, abandonné de ses sujets, comme la Divinité le fût de ses apôtres.... *Son crime est d'être Roi* ! Mais les évènemens se préparent. .. tout ce que la France a de plus vil et de plus méprisable se rend à Paris ; et on vit alors s'élever cette hydre infernale qui devait engloutir le monarque et la patrie.

Enfin, le signal du carnage est donné; Paris est sous les armes ; de toutes parts brille le fer meurtrier ; le palais du monarque est investi ; une armée formidable croise le fer homicide contre le descendant de St. Louis.

Français ! où vous emporte un délire insensé ! Respectez votre égide tutélaire ; sachez qu'il n'y a ni vrai courage, ni gloire solide sans l'humanité ; le malheur ajoute un nouveau lustre à la gloire des grands hommes ; la vertu souffrante attendrit tous les cœurs qui ont quelque goût pour la vertu. Mais Louis s'avance, il ouvre lui-même les portes de son palais, et saisissant la main d'un grenadier qui se trouvait à côté de lui, il lui dit d'une voix assurée : *Ami, donne-moi ta main, mets-la sur mon cœur, et dis-lui s'il bat plus vite qu'à l'ordinaire.*

La mâle assurance de Louis, parut intimider les rebelles.... Quel changement, leur crie-t-il, s'est-il donc fait dans mes Etats?... Quel exemple ne suis-je point pour les Rois?... Je voudrais me montrer à tous ceux qui règnent dans le monde, pour les instruire par mon exemple. J'étais craint de mes ennemis, aimé de mes sujets; je commandais à une nation puissante et belliqueuse; la renommée avait porté mon nom dans les pays les plus éloignés; je régnais dans un pays fertile et délicieux; cent villes me donnaient le tribut de leurs richesses; mes peuples me chérissaient comme le successeur de St. Louis, et aujourd'hui ils méconnaissent la voix de leur Souverain; ils sont en pleine révolte contre l'autorité tutélaire; ils dirigent leur fer homicide contre le sein qui les nourrit.

Vains propos! .... inutiles discours! Le tumulte augmente; les gardes sont attaquées; le canon gronde; le sang français coule à grands flots.

Admirons ici la grandeur du saint Roi, qui préfere donner sa vie, plutôt que d'avoir à se reprocher le sang de ses sujets; il pouvait d'un seul mot anéantir les rebelles, mais il craignit que le sang de ses coupables enfans ne rejaillît sur son auguste personne; il quitte les sentiers de la gloire pour voler à la palme du martyre.

Grand Dieu ! l'arche d'alliance, l'arche sainte, est tombée au pouvoir des Philistins; couvre-là de ton égide tutélaire ; ne souffre pas que des parjures portent sur elle une main sacrilège!

Louis est au milieu de ses bourreaux (triste et cruelle métamorphose qui doit nous prouver que dans cette vallée de misere et de larmes, tout est périssable et fragile) .... son cœur n'est point abattu; réfugié dans sa conscience, il bravera les cris du désespoir; Louis sera grand par lui-même.... Il puisera dans la force de ses principes, dans la générosité de ses sentimens, les consolations les plus vives et les plus touchantes pour son infortunée famille.

O vous qu'un zèle saint anime et que les leçons du malheur ont instruit dans l'adversité, vous allez connaître Louis! .... En vain voudra-t-on l'éprouver, la vertu seule bravera les rigueurs du sort; s'il succombe sous les coups de la révolte, il montrera du-moins un courage, une fermeté au-dessus de l'humanité.

Puissances du Ciel, n'abandonnez pas la victime! .... Dieu des vertus, Louis est votre ouvrage! ....

Français! qu'est devenu ce tems heureux

où vous respiriez en paix sous l'ombre des lis? Vous cherchez aujourd'hui un bonheur chimérique; sachez qu'il ne peut y avoir de félicité que sous le sceptre d'un Roi bienfaisant et sensible !

Et vous tyrans de la patrie, qui fûtes tout à la fois accusateurs et juges, dénonciateurs et bourreaux, qui méditâtes si froidement l'assassinat de votre Roi. et qui par une perfidie dont l'histoire n'offre point d'exemple, osâtes vous couvrir du voile de la justice, tremblez! .... *Il est un Dieu vengeur.*

Des sujets rèbelles sont en pleine révolte contre leur souverain; ils conspirent dans l'ombre des ténébres.

L'histoire a peint des sages dans la retraite, des héros dans l'oppression, mais elle n'offre rien de plus grand que Louis dans le malheur; c'était la dignité de la vertu même sur laquelle les hommes ne peuvent rien.

Semblable à ce feu sacré que les juifs avoient enséveli dans les entrailles de la terre, la vérité ne sera retrouvée qu'au sortir de sa captivité.

Ce Roi que vous venez de voir au Temple, vous l'allez voir monter au Ciel; il sera un spectacle digne des anges et des hommes; .... Séparé des pécheurs, répandant son ame devant le Très-Haut, il deviendra la reconciliation des hommes dans les tems de colère, prenant sur lui les péchés de son peuple, et les expiant par ses austérités.

Louis attendait la mort d'un œil sérein, heureux qui, comme lui, peut dire en mourant : *O Dieu! je te rends un esprit aussi parfait que je l'avais reçu ;.... Etre éternel! j'ai orné ton ouvrage.*

Il ne lui manquait plus que la récompense des Saints, c'est-à-dire les persécutions et les calomnies; il eut la consolation d'y participer; il entendit les plaintes des insensés contre lui, et il adora dans le sécret de son cœur les desseins impénétrables de la providence; il suffit d'être homme de bien pour ne plus trouver d'indulgence sur la terre; *nous devons la gloire des martyrs à la fureur des tyrans.*

La détention de Louis au temple, ses souffrances, ses malheurs, tout respire la sainteté du Monarque, jamais il n'a voulu consentir à voir briser des fers qui auraient entrainé l'effusion du sang de ses sujets; il a préféré mourir plutot que d'avoir à se reprocher un instant de faiblesse; *O mes enfans*, disait-il souvent dans sa captivité, *si vous saviez combien vous m'êtes chers, vous reviendriez de vos erreurs, vous vous jeteriez dans les bras de votre père, et ce moment serait le plus beau de ma vie!*

Français! .... le voilà ce Roi, ce Monarque que vous aviez proclamé, il y a six mois, le sauveur, le libérateur de la France, le restaurateur de la liberté, le voilà! .... IL EST DANS LES FERS! .... Est-ce donc-là le prix que vous donnez à ses vertus? Est-ce ainsi que vous acquittez la dette sacrée que vous aviez contractée envers lui? .... Par quelle étrange fatalité faut-il que je déplore un changement si inattendu? .... *Voyez, comparez, jugez vous-mêmes!*

Les juifs donnerent des fers; le juifs donnerent la mort au Sauveur du monde, mais dans leur aveuglement, ils ne le connurent point.

Et vous, ingrats, qui fûtes les témoins des vertus de votre Monarque, vous qui le proclamiez à la face du monde votre bienfaiteur et votre père, VOUS VOULEZ L'ASSASSINER! .... Lh'istoire retracèra un jour à la postérité le bienfait, le malheur et l'ingratitude. .... Ah! terminons ici des réflexions qui se ressentent déjà du désordre de mon ame!

Les hommes poussent à un tel point la haine contre la vérité, qu'ils ne méritent plus de menagement ni de mesure.

Plus touché de l'aveuglement de ses sujets que de sa propre perte, Louis leve les mains au Ciel pour eux; insensible aux coups dont ils l'accablent, il ne sent que les malheurs qu'ils se préparent eux-mêmes; il offre son sang pour obtenir le pardon de leur crime;

il ne comptoit pour rien sa mort, si leur salut devait en être le fruit et le salaire.

Mais quel a pu être le dessein de Dieu en suscitant dans tous les tems et dans tous les pays de ces Rois vertueux qui ont édifié l'église, et dont l'histoire fait encore tant d'honneur à la religion? N'est-ce pas pour nous faire comprendre de quoi notre faiblesse, soutenue par la grace, est encore capable; que l'évangile observé dans toute la rigueur de ses conseils n'exige rien d'impossible.

Le moment approche où Louis doit quitter cette terre ensanglantée pour aller habiter le séjour des bienheureux; l'heure a sonné où la vertu doit recevoir la récompense que Dieu promet à ses élus.

Je vois ces féroces législateurs métamorphosés en juges, s'efforcer d'acquérir par le crime la souveraine puissance; ils veulent, ces insensés, assassiner leur Roi pour jeter les bases d'un gouvernement populaire.

O France! .... ô ma patrie! .... en quelles mains êtiez-vous donc tombée?.... Ignoraient-ils, ces nouveaux Cromwel, qu'il n'y a qu'un pas du capitole à la roche tarpéiene, et qu'un jour d'inutiles regrets ne sauraient les laver du crime affreux dont ils vont se souiller?

Déjà un acte d'accusation est dressé contre Louis, et quel acte, grand Dieu? .... Un tissu de perfidie et d'horreur,... A cette idée tout mon sang s'allume; .... Un nouveau genre d'héroisme vient commander la plus grande vénération.

Français! .... que fesiez-vous alors?.... Abattus, consternés, vous gémissiez sous le joug de la plus vile oppression;.... des sujets rebelles osaient insolemment se parer du titre de souverain; et ces modernes Néron forgaient alors dans leur répaire empesté, les fers dont ils devaient un jour vous accabler.

Un procès inconnu dans les annales du monde s'instruisit sous les yeux de l'Europe étonnée, et l'on vit un monarque jugé par ses propres sujets, pour n'avoir pas voulu combattre son peuple.

Ici commence cette procédure inique, la honte et le désespoir des factieux; .... tout ce que l'irréligion et l'impiété peuvent commander, est mis en usage pour incriminer la vertu; des interrogats captieux, des suppositions hardies, des mensonges adroitement combinés, tel est le théâtre où des tigres vont moissonner de sanglans lauriers; c'est par l'assassinat d'un Roi qu'ils veulent cimenter leur puissance.

On sépare Louis de sa famille, on l'arrache des bras de son Epouse, du Dauphin, de sa Fille! .... Grand Dieu, qu'offrait de plus coupable Jérusalem, lorsque vous la frappâtes d'une malédiction éternelle?

O ! qui que vous soyez, venez contempler Louis dans le malheur !... Non, les grandeurs éclipsées, l'autorité méconnue, le trône renversé, rien ne saura obscurcir l'astre brillant qui éclaire la France.... Qu'importe que de sombres nuages glissent sur son disque éclattant, la réfraction de la lumière ne sera que plus vive et plus pure.

Le Dieu vengeur des crimes saura conduire Louis et le fortifier dans le malheur ; un ange descendra du Ciel pour lui offrir la palme du martyre.

Ennemis de la foi, vous êtes trompés dans vos calculs, Louis ne restera point isolé ;.... *Dieu est avec lui.*

Seigneur, s'écrie Louis ! vous qui seul avez posé des bornes à la vie de chacun de nous ; vous qui, dès le commencement, avez compté mes jours ; vous qui présidâtes au moment de ma naissance, et qui dès-lors marquâtes sur mon sort celui de ma mort ; vous seul, Seigneur, qui avez écrit dans le livre de vie les jours de mon exil et de mon pélérinage ; vous seul, voyez si je suis encore loin de ma course, ou si je touche déjà au terme fatal, au-delà duquel est la mort et le jugement.

O Religion, Religion sainte ! il n'appartient qu'à toi de soutenir l'innocence, de protéger la vertu, d'encourager la victime....

qu'importe que le plus sage des Rois quitte une dépouille mortelle, s'il doit se réunir à son Créateur !... Laissons ces barbares se rouler dans la fange de l'impureté, et consommer le plus grand des attentats !

Le moment arrive où Louis est conduit à la convention nationale ; il est en présence de ses bourreaux, et déjà le désordre se répand dans leurs ames ; on eût dit que l'ange exterminateur les avait pour ainsi dire renversés.

Louis est entendu, et ses ennemis sont confondus. Quelle sagesse dans ses réponses !... quelle noblesse dans sa contenance !... quelle assurance dans son maintien !

Que feront nos Pilates modernes ?... Ils ont voulu connaître la vérité ; Louis lui a rendu témoignage.... le condamneront-ils parce qu'il est Roi ?... le sang du juste retombera sur eux et sur leurs enfans.

Qu'ai-je dit, Grand Dieu !... Détourne la foudre qui doit les réduire en poussière ; donne-leur le tems du repentir ; que couverts de cilices et de cendres, ils tâchent encore d'implorer ta miséricorde !

Mais Louis attend en silence et avec le calme de l'innocence, l'arrêt qui doit décider de son sort.... il est homme, il sent en lui la nature défaillir.... il se trouble dans son esprit ; il demande un morceau de pain pour ranimer ses forces chancellantes.

Apôtres de la vérité, vous allez connaître ce Monarque que le Ciel vous avait donné dans sa sagesse, et que l'erreur et le délire vont faire descendre du trône que la vertu se plaisait d'embellir !

A peine a-t-il reçu le morceau de pain, qu'il le bénit et se recueille un moment ! Mais que vois-je !.. Louis est aux pieds de son créateur; il implore sans doute sa miséricorde.... des mouvemens extraordinaires se passent dans son ame; la Divinité lui parle peut-être.... la victime est en présence du Tout-Puissant !

Louis se relève rayonnant de gloire; on voyait dans ses traits la blancheur des lis mêlée de roses naissantes; son visage brillait de vives couleurs dont le soleil levant peint les nuages qu'il vient dorer; à l'instant Cléry son serviteur fidèle se précipite à ses genoux; Mais Louis le relevant avec bonté et voulant récompenser sa foi, lui présente l'aliment qu'il tient dans ses mains.... *Cléry*, lui dit-il, *rompez ce pain, prenez-en la moitié, afin qu'il soit dit qu'avant ma mort, j'ai partagé quelque chose avec vous.*

Que ce trait est sublime !... Combien il pénètre l'ame !... Grand Dieu ! tu permis qu'en ce jour Louis renouvellât avec son serviteur fidèle, les derniers adieux que tu fis à tes disciples.

Mais c'en est fait ! l'arrêt est prononcé.... Louis est condamné.... des cris épouvantables se font entendre dans le Temple ;... à l'instant, le Dauphin s'élance de sa chambre et parvient au milieu des cours : *Messieurs*, s'écrie-t-il, *laissez-moi passer, je veux aller supplier le peuple de ne pas faire mourir papa, et de ses faibles bras, il tâchait de vaincre les obstacles qu'on lui opposait.*

Il se précipite à leurs genoux.... Laissez-moi passer, Messieurs, laissez-moi passer.... je veux aller parler au peuple... ET POURQUOI ?.. *je veux le supplier de ne pas faire mourir papa.... Au nom du Dieu vivant, ne m'en empêchez pas !*

Retourne, jeune enfant, tes cris sont superflus, les barbares ne t'écoutent point ;... Louis va périr, mais du moins sa mort sera digne d'envie.

Admirable amour !... Ange du Ciel !... permets que je donne une larme à tes vertus ! qu'espérais-tu de ces barbares ? ils sont insensibles ! leur cœur ne connut jamais la pitié !

La mort est donc la récompense de Louis... et ce sont des Français, hélas ! qui veulent le faire mourir !... MOURIR ! disparaître à tout ce qui nous environne, entrer dans les abîmes de l'éternité, devenir le dépôt hideux d'un tombeau ! cette idée soulève les sens, trouble la raison, noircit l'imagination, empoisonne toute la douceur de la vie ; on n'ose fixer ses regards sur une image si affreuse.... loin de nous, souvenirs effrayans !... fuyons tout ce qui nous en rappelle la pensée !

Mais les sentimens de Louis sont bien différens des nôtres ; il envisage la mort sans trouble, ou du moins avec résignation.... il y fixe ses regards ; elle n'est à craindre, selon lui, que lorsqu'elle est imprévue.... l'image de sa dernière heure, embellit son ame ; ... il voit le sein d'Abraham ouvert pour le recevoir ; il voit le Fils de l'Homme assis à la droite de son père.... Seigneur, s'écrie-t-il, je remets mon ame entre vos mains ; j'ai tâché de la conserver aussi pure que vous me l'aviez donnée ; le sacrifice de ma vie est peu de chose, si mon sang doit servir au bonheur des Français.

Louis ne songe plus qu'à remplir les devoirs du sage et du chrétien ; il s'abandonne tout entier à la providence.

Après avoir reçu le pain de vie, il sentit dans son cœur agité, un baume consolateur qui semblait l'appeler à un paisible sommeil ; mais à peine eut-il goûté quelques heures de repos, qu'on l'entendit soupirer !.... LAISSONS ICI PARLER SON CONFESSEUR :

« Je m'approchai de Louis; son visage » était rayonnant de gloire ; plus je contem- » plais cette auguste victime, et plus mon » admiration redoublait ; *je fus comme tenté* » *de me précipiter aux pieds de celui qu'un* » *instant auparavant j'avais vu à mes genoux.*

» Dors, Ange du Ciel, dors !... c'est le » sommeil du juste, c'est le présage d'un » bonheur éternel.

» Louis dormait si tranquillement, qu'il

» fallut l'éveiller. Mon père, me dit-il, j'ai » cru voir en songe, une Dame qui me pré- » sentait une couronne de fleurs.... mon » bonheur a disparu à mon reveil. »

Reine du Ciel, vous souteniez sans doute dans ses derniers momens, la victime que vous deviez admettre dans la céleste Jérusalem.

C'est à toi que j'en appelle, sage et vertueux Edgwort, toi dont le docte pinceau a déjà tracé les derniers accens du Roi-Martyr ;... faut-il que je rappèle à la mémoire, cet élan sublime, cet enthousiasme céleste qui s'empara de ton ame, quand tu vis la transfiguration de Louis au moment de son ascension !... Pénetré d'un saint respect ou plutôt inspiré par la Divinité même, tu fus ravi en extase, en voyant le visage de Louis rayonnant de gloire, le front ceint de l'auréole, et nè tenant plus à la terre; c'est alors que rappelant tes esprits et tes forces, tu t'écrias à la vue d'un tel prodige, FILS DE ST. LOUIS, MONTEZ AU CIEL !... et en effet, les célestes puissances entouraient Louis XVI et le couvraient de leur égide.

Quel spectacle pour un ministre du Seigneur !... quel triomphe pour la Religion !... O Dieu ! tu manifestas en ce jour ton règne, ta puissance et ta gloire !

Spectateurs tranquilles du martyre !... témoins oculaires de la mort de Louis, parlez... le moment est venu de dire la vérité.... vous pouvez sans crainte épancher votre douleur.... Je vous interpèle tous, au nom du Dieu vivant !... avouez franchement qu'au moment où Louis expira, la voûte azurée répandit les premières larmes sur sa tombe, et que ce jour fut incontinent obscurci par les ombres de la nuit, comme si le Ciel voulait ensévelir dans les ténèbres, le crime affreux qu'on venait de commettre.

Et vous, nobles guerriers, généreux défenseurs de votre Roi, souffrez que je m'acquitte aujourd'hui d'une dette sacrée !... que de larmes ne vous ai-je pas vu répandre dans l'intérieur de vos familles !... quelle consternation ne se manifesta-t-elle pas dans le rang de vos invincibles légions !... j'ai vu le soldat abattu, consterné, mêlant et confondant ses pleurs avec ceux de ses officiers.... j'ai vu la désolation et l'effroi parmi les bataillons.... j'ai vu les étendards sacrés, couverts d'un crêpe funèbre, et inclinés, pour ainsi dire, devant l'image de Louis.

Que dirai-je de ces gémissemens intérieurs, de ces élans de douleur que la vertu pouvait à peine répandre dans le sein de la vertu !... Ici, c'est une famille entière qui gémit et déplore la perte de son Roi; là, ce sont des ames pieuses qui brûlent de l'encens au pied des autels, en mémoire de Louis.... Humanité, humanité sainte, tu recevais en secret le tribut de ces vertueux Français, l'honneur, la gloire et l'espérance de la Monarchie !

C'en est donc fait !... la vertu a reçu la palme du martyre.... Peuple malheureux !... écoute les derniers accens de ton Souverain : *Je meurs innocent ; fasse le Ciel que les Français n'aient jamais à se repentir de ma mort !*

C'est ainsi que son ame céleste déplorait les malheurs qui devaient affliger la France, et que son dernier soupir fut pour ses sujets.

La mort de Louis a tant de rapport, tant d'analogie avec celle de Jésus-Christ, que déjà les Pères l'ont sentie ; on dirait que la Divine Providence a voulu le faire passer par toutes les épreuves de l'évangile, pour nous faire sentir que les élus doivent porter la croix sur la terre, et boire le calice qui leur est présenté.

Quand le ciel et la terre manifestent d'une manière si éclatante la victime et les bourreaux, et que de toutes parts l'encens brûle sur les autels, ne puis-je pas m'écrier : *Bienheureux est le Roi de mes pères.*

Des hommes meurent, et sont aussitôt remplacés ; mais il faut des siècles pour réparer la perte d'un grand Prince.

Voilà un Roi qui réunit en sa personne, l'estime et l'admiration, les dons de la nature, ceux de la grâce, les talens acquis.

Voilà un Roi qui réunit en lui, la sagesse, et l'humilité, cette vertu que Jésus-Christ nous a tant recommandée.

Victime magnanime, que du séjour des bienheureux où tes vertus t'ont placée, nous puissions du moins bénir, vénérer ta mémoire ! Ame céleste, daigne encore respirer parmi nous !... que ton nom, à jamais immortel, soit un jour l'objet de la vénération et du culte des Français !

Les œuvres de ce Roi seront immortelles, écrites à jamais dans le livre de vie, et survivront à la ruine entière de l'univers.

Français ! prosternons-nous aux pieds de l'Eternel ; supplions le Seigneur de hâter le moment où nous pourrons vénérer, chérir, honorer le Saint Monarque que les ennemis de la foi ont assassiné, et dont le sang précieux n'a été versé que pour le triomphe de la Religion et pour consolider à jamais la morale évangélique et les vertus outragées.

Ministres de la nouvelle alliance, vous qui, tous les jours, travaillez à construire au Seigneur des tabernacles vivans, REGARDEZ ! et faites selon ce modèle.

Vous, hommes enivrés d'une vaine grandeur, ECOUTEZ ! apprenez de Louis à vivre et à mourir.... admirez l'humilité profonde de ce grand Roi !

L'Eglise vous présente sans cesse ces héros de la foi qui firent tant d'honneur à la religion ; ces grands modèles, la gloire de leur siècle et la confusion du nôtre ; il faut que le monde trouve toujours des exemples qui le confondent.

L'épouse de Jésus-Christ ne s'était jamais vue couverte de plus de taches et de rides que dans ces tems de ténèbres et de désolation ;

la foi paraissait éteinte parmi les fidèles ; les élus eux-mêmes étaient sur le point de céder au torrent et de se laisser entraîner par l'erreur commune.

A tant de calamités, à des plaies si touchantes, vous n'endurcîtes pas, Seigneur, vos entrailles, et vous tirâtes des trésors de votre miséricorde, une de ces grandes ressources que vous ne refusez jamais aux besoins extrêmes de votre Eglise.

Louis XVI fut choisi par vous pour être l'édification des fidèles, le triomphe et la gloire de la Religion.

Soyez à jamais béni, Seigneur, de ce que vous avez voulu sanctifier la prospérité de son règne, et embellir sa vie, déjà pleine de tant de prodiges, des actions de la foi plus durables et plus immortelles que les victoires et les conquêtes.... A vous seul appartient le règne, la puissance et la gloire ; à vous seul appartient de combler toutes les graces dont vous l'avez favorisé, et d'immortaliser sa mémoire, en l'admettant dans la céleste Jérusalem, et en lui décernant la couronne immortelle.

BARRALLIER, *Avocat*,
émigré de Toulon.

De l'Imprimerie de ROCHE.

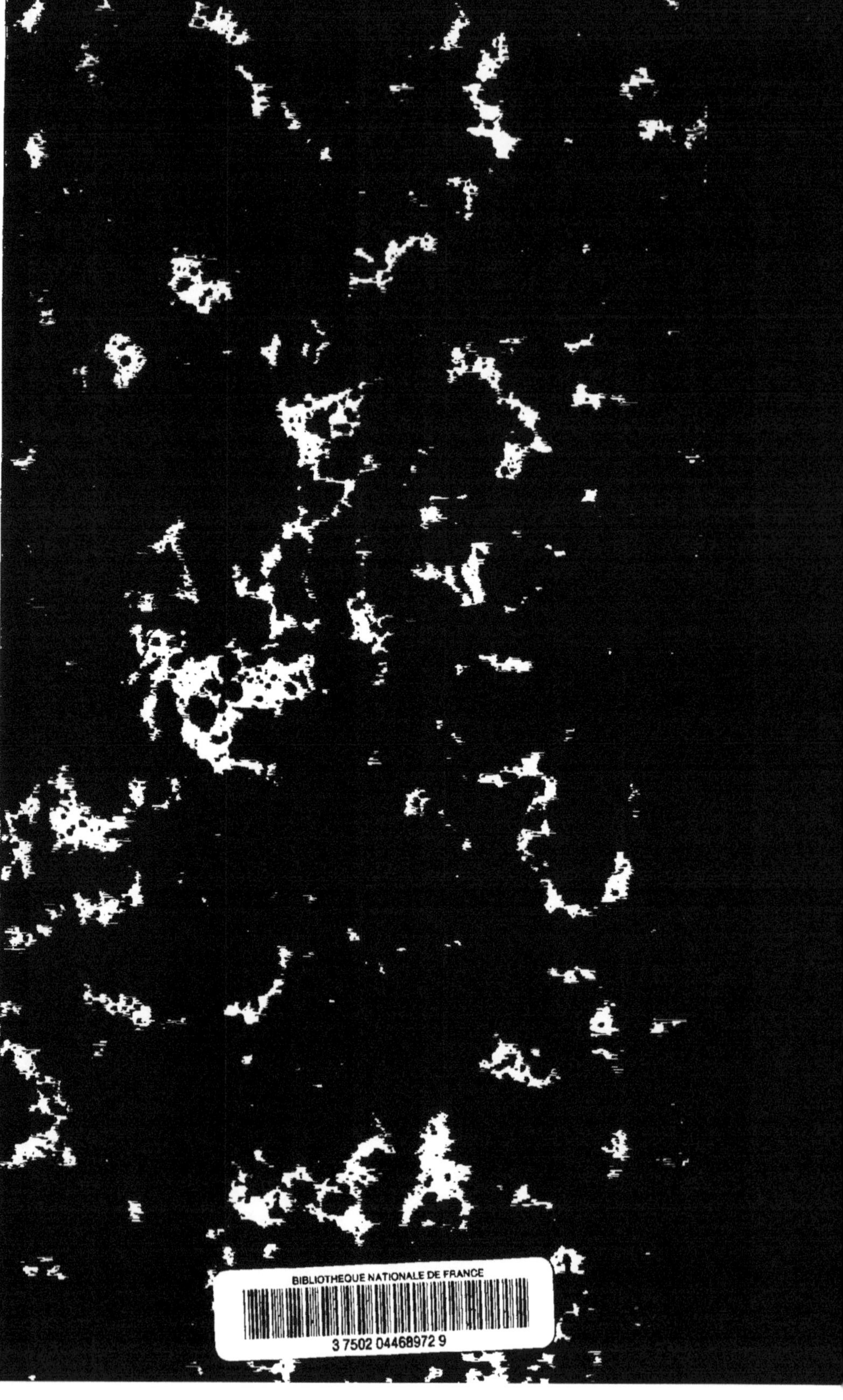

www.ingramcontent.com/pod-product-compliance
Ingram Content Group UK Ltd.
Pitfield, Milton Keynes, MK11 3LW, UK
UKHW012119240726
13965UKWH00005B/1857

9 782013 249560